LUANA SANTOS DA SILVA

O PERDÃO NOS RELACIONAMENTOS

Projeto gráfico e capa

Alexandre do Carmo

,

Sobre o autor

LUANA SANTOS DA SILVA

Teóloga, formada pela Faculdade Batista Pioneira.

Missionária nas cidades de Riqueza e Palmitos/SC.

luzinhah96@hotmail.com

Silva, Luana Santos da

O perdão nos relacionamentos. (Título Original: O perdão nos relacionamentos segundo o padrão bíblico – Ijuí, RS. 2020.

45 p.

ISBN KDP 9798747847521

Selo editorial: Independently published

RESUMO

Através das Escrituras, principalmente dos textos de Mateus 18.15-35, Lucas 17.3-10, Efésios 4.32, Colossenses 3.13 e Mateus 6.9-15, compreendeu-se que existe um padrão de perdão, o qual Jesus ensinou. Este não é meramente uma sugestão que pode ser negociada e, sim, um mandamento a ser obedecido. A retenção de perdão afeta diretamente a vida de quem o faz, seja na área física, emocional ou espiritual. Nos ensinos de Jesus acerca de perdão, não se encontram afirmações de que o tempo, a distância ou o esquecimento ajudam a resolver situações que carecem do mesmo, mas que a busca pelo ofensor, no intuito de mostrar-lhe o erro (falta, pecado) e mediante arrependimento, liberar perdão é o caminho a ser seguido. A forma como Deus perdoa o pecador é a mesma que este deve perdoar seu semelhante, ou seja, de forma graciosa, completa e genuína. Ao praticar o perdão, não se deve ter uma visão orgulhosa de si mesmo por tal atitude, porém, lembrar-se que, somente pela ajuda de Deus, através do Espírito Santo, isso é possível. Dentre os relacionamentos pessoais que um cristão desfruta, a comunhão com o povo de Deus é fundamental. Por ocorrer muitos conflitos nesse meio, o perdão torna-se vital, pois a unidade do povo, em certo sentido, depende dessa virtude.

Palavras-chave: Deus. Mandamento. Padrão. Perdão.

SUMÁRIO

INTRODUÇÃO

A frequência com que se fala acerca do perdão não é a mesma com que se pratica. Para muitos, o perdão é apenas um assunto bonito, mas impossível de se viver. Relacionamentos são rompidos em virtude dos erros, do orgulho e da indisposição de liberar perdão, o que por vezes, acaba sobressaindo-se. O conceito distorcido do que de fato é o perdão implica negativamente dentro dos relacionamentos, pois uma vez que não há a compreensão genuína do que é perdoar, torna-se impossível perdoar corretamente. A ideia de que pedir perdão, passar por cima do orgulho e demonstrar os sentimentos, soa como fraqueza acaba tornando a possibilidade de perdão um tanto quanto remota. Entendendo que as Escrituras apontam um padrão de perdão ensinado por Jesus e que este se difere do que a sociedade vive, será que entendê-lo e praticá-lo não é o caminho para que os relacionamentos deixem de ser líquidos? O que de fato significa perdoar aos semelhantes como Deus perdoa os pecadores por meio de Cristo?

A presente pesquisa abordará o perdão nos relacionamentos segundo o padrão bíblico, tendo como base, mas não somente, os textos de Mateus 18.15-35 e Lucas 17.3-10. A pesquisa apontará o padrão de Deus que foi ensinado por Jesus contido, nesses evangelhos acerca do perdão, bem como o que Paulo orienta aos Efésios e Colossenses.

Dentro da Teologia, o perdão não é um tema novo. Contudo, analisá-lo de forma correta e profunda e ensiná-lo de púlpito está em falta atualmente, pois para muitos o perdão relacional não é visto como uma ordenança e sim como uma opção. Escuta-se muito acerca da união que a Igreja deve desfrutar, contudo, esquece-se que um meio para a mantê-la é o perdão.

Esta pesquisa terá relevância teológica e social visto que tem o intuito de não somente elucidar corretamente o que de fato significa perdoar, bem como apontar o caminho para tornálo prático. Os ensinos de Jesus não são utópicos assim como o perdão também não é, porém é preciso quebrar paradigmas para que as ações ligadas a ele sejam executadas. Pessoas compreendem erroneamente que é possível viver sem perdoar seus semelhantes e que isso não afeta nenhuma área de suas vidas, mas Jesus ensina que é exatamente o contrário.

O objetivo geral da pesquisa será apresentar, segundo as Escrituras, que o perdão é ordenança de Deus para Seu povo. Não há maneiras de perdoar, mas somente uma, a qual foi estabelecida pelo Senhor como um padrão a ser seguido. Jesus não ensina que se deve perdoar somente quando tiver vontade, somente em algumas situações ou coisas semelhantes, mas que o perdão deve ser liberado para todo aquele que demonstrar arrependimento mediante sua falta, afinal é assim que Deus perdoa os indivíduos.

O primeiro capítulo trará a definição de perdão, ou seja, o que de fato ele é, conceitos propostos por alguns autores, bem como uma definição da língua grega. Serão abordadas também as consequências da falta de perdão que implicam diretamente na vida daquele que não perdoa. Tal atitude pode parecer ficar sem consequências, mas é exatamente o contrário que acontece, pois as consequências de não perdoar são muitas e um tanto quanto negativas.

O segundo capítulo abordará o padrão bíblico de perdão. O exemplo de Deus de conceder perdão àqueles que Dele se aproximam requer arrependimento, ou seja, consciência de que existe um pecado que precisa ser perdoado. Jesus traz ensinos acerca de como deve ser o perdão relacional e a forma de proceder quando há situações que carecem do mesmo. Além disso, é preciso entender que existe uma forma de perdão que Deus espera que aconteça, isto é, segundo a Sua vontade.

Finalmente, no terceiro capítulo, será tratado acerca da prática do perdão mediante o perdão recebido. Compreender que o perdão é um mandamento de Deus para seus discípulos é indispensável, pois, com a consciência disso, é possível resolver questões de conflitos. O perdão só pode ser oferecido de forma genuína se aquele que o faz tenha recebido isso de Deus. Aquele que não compreende a dimensão da grandeza do perdão de Deus acaba deixando de oferecê-lo para seus semelhantes.

1. O PERDÃO E OS REFLEXOS DA FALTA DO MESMO

Dentro dos inúmeros relacionamentos desenvolvidos pelo ser humano, é visível que boa parte deles são rompidos pela falta de perdão. Num contexto em que pessoas não conhecem a Deus e tão pouco a Sua vontade, torna-se compreensível a falta do mesmo, mas em uma comunidade onde as pessoas O conhecem e se relacionam, é curioso quando há essa falta. Quando o assunto é perdão, os cristãos têm o conhecimento daquilo que Deus fez por eles e o que Ele espera que se faça aos outros, entendendo que o perdão é uma ordem de Deus e não uma opção.[1] Contudo, é perceptível que o ato de perdoar é difícil e como, consequência disso, por vezes é ignorado.[2]

1.1 Definição de perdão

Há inúmeros conceitos errados do que de fato é o perdão. Muitos tentam simplificar seu significado e até mesmo distorcê-lo, porém, é imprescindível ter uma definição correta de seu significado. A língua grega define perdão como:

> 1. *aphiemi*, primeiramente, "enviar para frente, mandar embora, despachar" (formado de *apo*, "de" e *hiemi*, "enviar"), denota além dos seus outros significados, "remir" ou "perdoar": (a) dívidas (Mt 6.12; 18.37,32, sendo estas completamente canceladas); (b) pecados (por exemplo, Mt 9. 2,5,6; 12.32,32; At 8.22, "o pensamento do teu coração"; Rm 4.7; Tg 5.15; 1 Jo 1.9; 2.12). Neste último aspecto do verbo, como seu substantivo corresponde, significa primariamente a remissão do castigo devido à conduta pecaminosa, a libertação do pecador da pena divinamente – e, portanto, justamente – imposta; em segundo lugar, envolve a remoção completa da causa da ofensa; tal remissão é baseada no sacrifício vicário e expiatório de Cristo. 2. *charizomai*, "conceder um favor incondicionalmente", é usado acerca do ato de "perdão", quer divino (Ef 4.32; Cl 2.13; 3.13); quer humano (Lc 7.42,43, dívida; 2 Co 2.7,10; 12.13; Ef 4.32, primeira menção). Paulo frequentemente usa esta palavra, mas só o nº 1, em Rm 4.7, neste sentido da palavra.[3]

O conceito acima afirma que o perdão é racional, consiste em decidir perdoar. Embora o erro tenha acontecido, ele é diminuído em favor do transgressor, pois a este é concedido o favor do perdão. Pensar que o perdão só deve ser oferecido a quem o mereça, torna-o utópico, porém, a decisão de oferecê-lo o torna real:

> **Perdão decisional:** é a sincera intenção de não evitar o transgressor ou buscar vingança e liberá-lo de todos os débitos pessoais relativos à transgressão. Esse perdão decisional pode ocorrer mesmo que ainda restem emoções negativas, como ressentimento em relação ao transgressor, mas o indivíduo que perdoa altera sua postura frente à transgressão sofrida.[4]

A Bíblia ensina que quando os pecados são confessados a Deus, Ele os perdoa (1 João 1.9)[5]. Logo, o perdão só existe porque anteriormente houve uma falta, houve um pecado. Dentro de um mundo ideal não haveria a necessidade de perdão, porém, esse mundo ideal não é o real. Por isso, não há como viver sem a prática do perdão.[6] O perdão nasce em Deus e é direcionado ao pecador que se arrepende:

> O perdão proporcionado por Deus é um verdadeiro milagre, visto que é dado por Deus a alguém que é totalmente indigno de recebê-lo. Este perdão não é parcial ou condicional; pelo contrário, ele é completo e imparcial, restaurando novamente o ser humano com Deus. Não há elemento ético presente nesta restauração. A partir desta relação restaurada é que o ser humano toma consciência, o ser humano entende sua condição de *simul justus et peccator*, isto é, de que continua totalmente pecador e, ao mesmo tempo, justo, visto ter sido aceito por Deus *propter Christum*. Este milagre da fé cristã está no fato de o ser humano ser lembrado constantemente de sua condição para que a justiça alheia de Deus, que é Cristo, possa ser concedida como verdadeiro perdão da parte de Deus.[7]

Entende-se que o perdão não é meramente um sentimento que brota de forma inesperada dentro do coração humano, o perdão vai muito além de um sentimento, ele é uma decisão. Jay Adams afirma que "não podemos ficar levantando hipóteses de como perdoar, a quem perdoar, ou quantas vezes perdoar. Deus não nos deixou sem informação explícita".[8]

Existe uma promessa grandiosa da parte de Deus para o ser humano, quando a ele é concedido o perdão:

> É claro, quando perdoa, não é que Deus apenas se assenta nos céus e se emociona. Assim, perdão não é um sentimento. Se fosse, nunca saberíamos que fomos perdoados. Não, quando perdoa, Deus vai aos arquivos. *É ele quem o diz.* Ele declara: "Eu não me lembrarei dos seus pecados" (Is 42.35; cf Jr 31.34). Não é maravilhoso? Quando perdoa, Deus *nos faz saber* que não vai mais conservar, registrados contra nós, os nossos pecados. Se perdão fosse apenas uma experiência emocional, não saberíamos que fomos perdoados. Mas graças a Deus, sabemos porque o perdão é um processo no final do qual Deus declara que o problema do pecado foi resolvido de uma vez por todas.[9]

Percebe-se que o perdão é uma dádiva de Deus para o homem pecador, não tem a ver com aquilo que este pode fazer, mas diz respeito a essência de Deus. E este mesmo Deus orienta seus filhos que perdoem como foram perdoados por Ele em Cristo.[10] Uma vez que foram perdoados de uma dívida tão grande, Deus espera que Seus filhos perdoem aqueles que lhes devem pouco.[11]

Não há como ignorar o fato de que o perdão pode ser um ponto crucial e até mesmo a alavanca para uma restauração nos relacionamentos rompidos. Isso é evidente quando se aborda não só o aspecto espiritual do ser humano, mas também a perspectiva moral e psicológica. Em relação a isso Adams afirma que:

> O perdão é alcançado por aqueles que têm o direito legal de concedê-lo, isso considerando a quebra das relações que se transformaram em culpa. Considerando que a lei e sua subsequente restauração como elo entre o juiz e o culpado, o perdão seria mais uma etapa dentro desse processo legal, do qual fazem parte também o arrependimento, a confissão e a reparação para que as relações sejam restauradas. Restaurar relações de amizade ou fraternas através do perdão torna-se fundamental para a vida social, visto que, do ponto de vista terapêutico, as relações interpessoais precisam ser reatadas, a fim de que possamos viver em meio a uma sociedade que empurra o ser humano ao egoísmo e à imoralidade. O perdão proporcionará liberdade de ação e interação, visto que a capacidade de se perdoar proporciona condições de vida comunitária.[12]

Além do perdão de Deus que é direcionado ao ser humano, existe também o perdão interpessoal. Este não visa somente o erro em si, mas outros aspectos, inclusive o fato de o indivíduo ter um relacionamento com Deus:

> É o perdão relacional. Ao perdoar, as pessoas avaliam não só as características da vítima, do agressor e do Sagrado, mas também avaliam o relacionamento entre as suas próprias características e Deus. Então as pessoas perdoam de modo diferente quando se sentem seguramente ligadas a Deus, são mais comprometidas com sua religião, estão mais satisfeitas com sua relação com Deus

> ou com a igreja. Além disso, elas avaliam suas possíveis semelhanças com o ofensor. Por exemplo, pessoas religiosas são mais propensas a perdoar se percebem que o ofensor é igualmente comprometido com os mesmos valores e crenças religiosas que as suas. Finalmente, elas são menos propensas a perdoar se percebem que a relação entre a transgressão e Deus é uma clara violação de algo sagrado.[13]

O ato de perdoar consiste em perdoar o transgressor e não o erro em si, é olhar além da transgressão cometida. Certamente, essa é uma atitude desafiadora, pois o que está saliente e é preciso entender é que todos estão suscetíveis a isso, embora não seja o desejado. Perdoar é não ver o outro somente por meio de sua falha:

> Perdoar é: 1. Compreender o outro: há sempre um motivo oculto atrás de cada ato. Precisamos ver a diferença entre o que ele fez e o que ele é. Deus nos ama, mesmo odiando nosso pecado. Por amor a nós, Ele perdoa nossos atos, quando nos arrependemos. 2. Valorizar o outro: não importa quão grande seja a ofensa que nos fez, ele é homem. Um homem pelo qual Cristo morreu.[14]

Observando os conceitos do que de fato é o perdão, é imprescindível lembrar também o que não é perdoar:

> Perdoar não é: 1) "Fingir que não se importa" com a ofensa. 2) Dizer que as ofensas não o atingiram, porque você é muito superior a estes ataques. 3) "Fazer de conta" e passar por cima das coisas que o magoam. 4) Mera polidez, tato ou diplomacia. 5) "Esquecer". Impossível esquecer o primeiro e depois perdoar.[15]

No perdão interpessoal, quando alguém decide liberar perdão, pode vir a enfrentar algumas dificuldades que, se não combatidas, podem acabar impedindo ou procrastinando o perdão:

> 1) O desejo de vingança, o rancor, a raiva que se mastiga como chiclete dentro de si, que contamina nossa alma mais que a própria ferida. 2) A ilusão de que é necessário que a injustiça seja reparada antes, para poder começar a viver de novo. 3) Querer perdoar no único intuito de

eliminar o sofrimento, de evitar a dor de uma perda. 4) Ancorar a motivação de perdoar no passado, isto é, perdoar para que as coisas voltem a ser como antes, para reencontrar o estado anterior à ofensa.[16]

1.2 Reflexos da falta de perdão

Dentro dos Evangelhos há ensinamentos de Deus a respeito de como o perdão foi oferecido por Ele e como seus filhos devem oferecer. Lewis afirma: "todo mundo acha que o perdão é uma ideia adorável, até ter que perdoar alguma coisa"[17] e isso está cada vez mais presente no contexto cristão. Contudo, é mister salientar que, uma vez que o perdão não é liberado a outrem, as consequências começam a surgir e, por vezes, são gritantes. Em uma cosmovisão sem Deus, o perdão soa como fraqueza:

> A não prática do perdão - não oferecer ou não aceitar o perdão -evidencia em nível individual, egocentrismo, distúrbios, etc., e, no âmbito social, a cultura da meritocracia neoliberal, fundado no darwinismo social, em que prevalece a lei da competição, a ser vencida pelos "mais aptos". Socialmente, a oferta e a aceitação do perdão de pecados, soam numa cultura caracteristicamente competitiva, como derrota e fraqueza, já que o mercado não aceita sujeitos fracos. Esse, portanto, é o contexto para o desafio cristão do perdão de pecados.[18]

1.2.1 Falta de comunhão com Deus

Sabe-se que Deus é também Pai, aquele que zela pela vida de Seus filhos e tem o desejo de que estes vivam em comunhão, porém nem sempre isso ocorre. Através da figura da cruz, fica evidente que a vida do cristão consiste na linha vertical e horizontal, ou seja, elas precisam estar alinhadas. Nas Escrituras, percebe-se que, quando os filhos de Deus estão em situação de desentendimento, isso afeta também o relacionamento com Deus. A oração do Pai Nosso ensinada por Jesus, no evangelho de Mateus, é um tanto quanto intrigante a respeito do perdão:

> E perdoa as nossas dívidas, assim como nós também perdoamos aos nossos devedores; e não nos deixe cair em tentação mas livra-nos do mal [pois teu é o Reino, o poder e a glória para sempre. Amém! Porque, se perdoarem aos outros as ofensas deles, também o Pai de vocês que está no céu, perdoará vocês; se, porém, não perdoarem aos outros as ofensas deles, também o Pai de vocês não perdoará as ofensas de vocês. (Mt 6.12-15)[19]

Afirmar que a falta de perdão nos relacionamentos compromete o perdão recebido de Deus seria um grande equívoco. Wiersbe, a respeito desse texto, diz que "Jesus não está ensinando que os cristãos só merecem o perdão de Deus se perdoarem os outros, pois isso seria contrário à sua graça e misericórdia".[20] A natureza de Deus não depende das atitudes de Seus filhos, sejam elas positivas ou negativas. Moody comentando essa oração salienta que:

> O perdão dos pecados, quer sob a lei mosaica ou na Igreja, sempre é pela graça de Deus e com base na expiação de Cristo. Entretanto, o caso de um crente confessando seu pecado e pedindo o perdão de Deus, enquanto guarda rancor contra uma pessoa, além de ser incongruente, é também hipócrita. É mais fácil ter-se um espírito perdoador quando o cristão considera quanto Deus já lhe perdoou (Ef 4.32). A falta de perdão é pecado e deve ser considerado com tal.[21]

Por vezes, essa oração é feita sem ter a real dimensão do seu genuíno significado. Pedir a Deus que perdoe de igual forma como se tem perdoado, é saber antecipadamente o modo como deseja ser perdoado. Barclay é ardente ao comentar essa oração e destaca que:

> Entre todas as petições do Pai Nosso esta é a mais temível. "Perdoa as nossas dívidas, como também perdoamos aos nossos devedores". Mateus seguirá com este tema nos dois versículos seguintes, explicando da maneira mais clara possível que, segundo Jesus, se nós perdoarmos a outros Deus nos perdoará, mas se não perdoarmos, Deus não nos perdoará. É bem evidente, então, que se repetirmos esta petição quando há algo que nos separa de nosso próximo, quando ficam disputas sem resolver em nossas vidas, o que estamos dizendo a Deus é: "Não nos perdoes". Se dissermos: "Nunca perdoei a Fulano de Tal pelo que me tem feito", se dissermos "Nunca esquecerei o que Beltrano me tem feito", e, contudo, fazemos uso desta petição ao repetir o Pai Nosso, estamos deliberadamente pedindo a Deus que não nos perdoe. Alguém disse: "O perdão, como a paz, é uno e indivisível". O perdão humano, e o divino, estão inextricavelmente re-

lacionados entre si. Não é possível separar nosso perdão ao próximo e o perdão que esperamos receber de Deus; ambos estão ligados e são interdependentes. Se tivéssemos presente o significado desta petição, muitas vezes, ao repetir o Pai Nosso, nossos lábios silenciariam ao chegar a "perdoa-nos...".[22]

Ter a dimensão de que a falta de perdão é pecado, é extremamente necessário. Sabe-se que, o que afasta qualquer pessoa de Deus, é o pecado, logo, se o cristão tem desfeito seus relacionamentos com outras pessoas por falta de perdão, seu relacionamento com Deus também estará comprometido. Dificilmente, um cristão chegará até Deus quando está em pecado, mas uma vez que o reconheça em sua vida, se arrependa e decida mudar, certamente a graça e misericórdia de Deus estará ao seu alcance. E esse é o caminho a trilhar por todo cristão. Caso não exista a confissão de pecado, seu relacionamento com Deus estará incompleto.

1.2.2 Quebra de comunhão com os outros

Tem-se conhecimento de inúmeros relacionamentos que deixaram de existir porque houve falha de uma ou ambas as partes e, ao invés de consertar, optou-se por romper. No entanto, "quando pecamos uns contra os outros, a vida comunitária vai ficando cada vez mais travada".[23] A falta de perdão, na maioria das vezes, resulta no fim dos relacionamentos e/ou afastamento. Os fatores que levam a esse rompimento são inúmeros. Collins aponta alguns:

> **1. Atuação satânica**: De acordo com um estudioso da Bíblia, a "cobiça e as ambições egoístas das nações, a diplomacia enganadora do mundo político, o ódio acirrado e a rivalidade na esfera do comércio, as ideologias ímpias das massas da humanidade, tudo isso se origina e é fomentado pela influência satânica". No nível mais pessoal, Satanás "se interessa em conhecer todos os relacionamentos e projetos do crente, visando arruiná-los ou poluí-los". No cerne dos conflitos interpessoais, existe sempre a mão sútil e manipuladora de Satanás. **2. Características pessoais, pensamentos e ações**: Não existe ninguém perfeito, embora algumas pessoas tenham mais facilidade de se relacionar do que outras. A tensão

interpessoal geralmente começa e aumenta com pessoas cujos traços de personalidade, pensamentos, opiniões, sentimentos, maneirismos e comportamento geram conflitos e desconfianças. **3. Padrões de conflito:** Todo conflito envolve uma disputa entre duas ou mais pessoas que têm objetivos aparentemente incompatíveis, ou que desejam uma coisa que não existe em quantidade suficiente para todos. **4. Falta de compromisso:** pode haver muitas razões para os conflitos interpessoais, mas uma causa bastante comum é a falta de disposição em assumir compromissos e se manter fiel a eles. Mesmo quando as pessoas tentam evitar compromissos, elas estão se comprometendo com alguma coisa, ainda que não queiram. Quando não nos comprometemos com outra pessoa, com alguma causa ou com Deus, ou, então, quando não cumprimos uma promessa, estamos, na verdade, nos comprometendo com a solidão, falta de intimidade, o fracasso na área pessoal e várias outras tensões e frustrações. **5. Falha na comunicação:** A essência do bom relacionamento interpessoal é a boa comunicação. Quando a comunicação é deficiente ou está em vias de ser interrompida, surgem tensões interpessoais. **6. Agravantes sociais:** Eventos ou situações sociais podem impedir ou dificultar as boas relações interpessoais.[24]

Tendo o conhecimento dessas inúmeras causas, é notório que os relacionamentos desenvolvidos pelo cristão podem vir a enfrentar essas dificuldades. Entretanto, as pessoas envolvidas têm nas mãos o privilégio de decidir como irão resolver essas questões:

O conflito é inevitável. Contudo, está sempre em nosso poder controlar a maneira de reagirmos a ele. O conflito pode destruir-nos e esfacelar nossos relacionamentos, ou pode ser usado para trazer crescimento e mudança, para fortalecer relacionamentos, para estimular maneiras novas de vermos nossas tarefas. A diferença entre o conflito que destrói e o que produz crescimento encontra-se na vontade humana. A escolha é nossa.[25]

Através da criação, entende-se que o ser humano não foi criado para viver sozinho, mas para desfrutar de relacionamentos que o fortalecerão ao longo da caminhada terrena, mas quando o perdão não está presente e nem é oferecido, lamentavelmente os relacionamentos são abandonados, logo, a comunhão deixa de existir. Essa consequência, por vezes, está presente num contexto cristão, onde o orgulho e até mesmo o desejo por "justiça" fala mais alto do que o perdão. Quando uma das partes se sente ferida, ela reage de alguma forma, mas nem sempre, a mais correta:

> Quando uma pessoa acha que a outra ultrapassou esse limite, fica com raiva. Ela se sente ofendida e magoada com aquela que traiu sua confiança. A atitude que gerou esse conflito se torna uma barreira entre as duas pessoas, e o relacionamento sofre uma ruptura. Mesmo que se esforcem para agir como se nada estivesse acontecendo, elas ficam impedidas de conviver bem. Algo no interior da pessoa ofendida, exige justiça.[26]

Indubitavelmente, dentro da igreja há inúmeras relações rompidas. A falta de perdão existente num contexto eclesiástico, faz com que alguns cristãos deixem de gozar da comunhão com seus semelhantes. Para alguns, é preferível o afastamento do que o perdão. Torna-se incoerente que uma comunidade, uma vez perdoada por Deus através de Cristo, negue perdão aos seus semelhantes e deseje qualquer coisa decorrente da falta de perdão do que os benefícios que este concede:

> Perdão é o óleo que mantém a máquina do lar cristão funcionando perfeitamente. Num mundo onde mesmo aqueles que foram declarados perfeitos em Cristo pecam, há muito a perdoar. Cristãos que deveriam trabalhar com estreita colaboração encontram-se amassando os para-choques uns dos outros, de vez em quando quebrando um farolete ou dois, e as vezes até mesmo tendo colisões frontais. Sob tais condições, perdão é o que impede as coisas de se quebrarem completamente.[27]

1.3 Malefícios dentro da vida do indivíduo

O indivíduo que escolhe não conceder perdão é o mais afetado com tal atitude. Pensar que a falta de perdão afeta somente a relação com Deus e com os outros, é um grande erro. O corpo humano também sofre pela retenção de perdão e quando reage a isso, o faz de forma insistente:

> O fato de não perdoar gera efeitos físicos semelhantes aos do estresse, com seus malefícios potenciais, especialmente de forma crônica. Além disso, a raiva e a hostilidade são potentes fatores de risco para doença cardiovascular. Não perdoar afeta negativamente o sistema imune, aumenta os níveis de cortisol e adrenalina, a regulação do balanço celular de citocinas, e altera o equilíbrio químico do cérebro.[28]

A forma como o corpo reage pela falta de perdão é considerável e às consequências decorrentes dessa falta afetam drasticamente a vida de quem retém o perdão. A amargura é algo não considerado humanamente, porém que afeta negativamente a vida do homem. Jones assinala que:

> Não há nada mais hostil do que a amargura - aquela ira interior, guardada no fundo do coração, algumas vezes conhecida somente pela pessoa amargurada e por Deus que tudo vê. Amargura é uma ira *enraizada*, aquele tipo de ira que além de nos fazer reagir à ofensa de alguém, nos faz ter mais raiva do ofensor. A ira é uma resposta a um incidente: "Estou irado por aquilo que você fez". A amargura é algo mais profundo e gera uma atitude - um ponto de vista ou uma postura - contra o ofensor: "Estou irado com você, porque você é uma pessoa má". O incidente se torna quase secundário.[29]

Deus, em toda a sua sabedoria, fez o ser humano de uma forma completa e perfeita a tal ponto que, para que todas as áreas corram bem é necessário que estejam bem. Entende-se que quando um membro do corpo humano, ainda que o menor de todos, não está bem, todo o resto do corpo sofre juntamente com ele. De igual forma, quando um relacionamento, ainda que o de menor importância, não esteja bem, todo o resto sofre com isso, visto que o corpo humano é um dos mais afetados, tanto na área fisiológica, quanto na psicológica ou espiritual:

> Os efeitos *físicos* do estresse e da tensão interpessoal são bem conhecidos. Fadiga, músculos tensos, dores de cabeça, problemas estomacais, úlceras e várias outras reações biológicas se desenvolvem, principalmente quando as tensões são negadas ou escondidas. Um observador perspicaz escreveu certa vez que, quando tentamos esconder nossas emoções e tensões interpessoais, nosso estômago é quem paga. *Psicologicamente,* relações interpessoais ruins podem desencadear quase todas as reações emocionais do ser humano, e as ações de pessoas em conflito podem variar desde uma pequena inclinação para o corpo mole até o assassinato. Quando existe tensão, os indivíduos podem se sentir deprimidos, culpados, humilhados, inseguros e ansiosos. Em alguns casos, a situação gera raiva, rancor, cinismo e tentativas de dominar, manipular ou revidar. *Espiritualmente,* no jardim do Éden, o Diabo conseguiu criar tensão entre o Criador e suas criaturas. Quando Adão e Eva comeram o fruto, eles foram separados de Deus e logo já estavam em conflito, jogando a culpa um no outro. Num sentido amplo, portanto, toda tensão interpessoal é um resultado e um reflexo do pecado.[30]

Além desses inúmeros impactos que a falta de perdão gera, é oportuno salientar seus efeitos também do ponto de vista biológico:

> A tendência a não perdoar gera estresse, por isso se acredita que os malefícios gerados por esse traço de não perdoar sejam similares aos do estresse crônico. Diferentes modelos biológicos têm sido propostos para explicar esses efeitos, incluindo a carga alostática, disrupção da homeostasia normal e uma ativação autônoma crônica que gera impacto na fisiologia global do organismo. De qualquer maneira, os padrões de secreção de cortisol são consistentemente aumentados em situações de transgressão que não ocorre o perdão, bem como em outras situações estressantes geradoras de emoções negativas, especialmente no estresse crônico. Além disso, essa ativação neuro-hormonal tem consequências imunológicas, envolvendo aumento da secreção de adrenalina e uma desregulação do perfil de citocinas circulantes, prejudicando o sistema imune.[31]

2. O PADRÃO BÍBLICO DE PERDÃO

Analisar o perdão da perspectiva bíblica é entendê-lo de forma correta e genuína. Existe um padrão para o perdão e este foi estabelecido pelo próprio Deus e ensinado pelo Senhor Jesus, enquanto viveu na terra. Sabe-se que o perdão é uma prática difícil de se viver, contudo, não impossível. Entender o que de fato significa perdoar é de extrema importância para evitar a simplicidade do mesmo, pois para alguns o perdão é somente "um processo intrapessoal, como algo que ocorre internamente no indivíduo"[32], ou seja, é algo intrínseco sem necessitar de uma ação divina, contudo, sabe-se que o perdão faz parte da essência de Deus, pode vir somente Dele e sem a Sua ação no ser humano, este não pode perdoar genuína e biblicamente.

A iniciativa de perdoar começou com Deus e é oferecido à humanidade graciosamente. John Piper afirma que "a partir dessa quebrantada, alegre, grata e esperançosa experiência de sermos perdoados, oferecemos perdão aos outros".[33] Diante disso, aqueles que experimentam dessa realidade, são desafiados a viver de forma diferente, viver segundo os padrões do Senhor.

2.1 O perdão concedido por Deus

Quando Deus criou a humanidade, tinha o desejo de se relacionar com ela. Nos primeiros capítulos de Gênesis é possível ver que Adão e Eva desfrutavam de algo singular com Deus, porém, ao ceder à tentação, esse relacionamento foi completamente rompido pelo pecado cometido por eles. Desde então, o homem carece do perdão de Deus, o qual foi oferecido através de Jesus, pois "Ele demonstrou seu amor perdoador para conosco dando ele mesmo esse primeiro passo, ao enviar o seu Filho como sacrifício pelo nosso pecado. Deus ama. Deus perdoa. Deus nos busca primeiro, enquanto ainda estamos distantes dele".[34]

Ao enviar seu Filho, Deus deixa evidente o anseio de se relacionar com sua criação. Este relacionamento não se limita apenas ao tempo presente, mas também para a eternidade. Ele mesmo afirma que "enviou seu Filho ao mundo não para que condenasse o mundo, mas para que o mundo fosse salvo por ele" (Jo 3.17).[35] A ação de Deus demonstra que não há nada que o homem possa fazer para tentar salvar-se com suas próprias forças, mas, uma vez que Deus tenha tomado a iniciativa, espera-se que aquele que fora alvo desse amor dê uma resposta a essa ação. O profeta Isaías afirma que Jesus sofreu tudo aquilo que estava destinado para a humanidade:

> Mas ele foi transpassado por causa das nossas transgressões e esmagado por causa das nossas iniquidades; o castigo que nos traz a paz estava sobre ele e pelas suas feridas fomos sarados. Todos nós andávamos desgarrados como ovelhas; cada um se desviava pelo seu próprio caminho, mas o SENHOR fez cair sobre ele a iniquidade de todos nós. (Is 53.5-6)[36]

Comentando esse texto, Matthew Henry afirma que "quando lançamos os nossos pecados sobre Cristo, somos salvos da ruína à qual seríamos submetidos por causa do pecado"[37]; somente Nele é possível encontrar salvação. Ao se deparar com a grandeza de pecado que possuí em sua vida, o indivíduo encontra em Cristo o caminho para livrar-se de sua realidade. O Evangelho anunciado e ensinado por Jesus "é o poder de Deus para a salvação de todo aquele que crê" (Rm 1.16)[38], e é através dele e com a ação do Espírito Santo, que Deus evidencia para aquele que o escuta, a necessidade de arrependimento e conversão, porque "se confessarmos os nossos pecados, ele é fiel e justo para nos perdoar os pecados e nos purificar de toda injustiça" (1 Jo 1.9).[39] O perdão de Deus não é oferecido sem confissão de pecados, pois com isso ele seria menosprezado e seria contrário às Escrituras.

Enganar-se com a ideia de que o ser humano não tem necessidade do perdão de Deus e iludir-se com a máxima do mundo de que Deus é somente amor, cria na humanidade um pensamento de suficiência. O pecado separa qualquer pessoa de Deus; fugir dessa realidade ou até mesmo negá-la, mantém a criação longe do seu Criador. Contudo, Ele deixou claro, por meio da Bíblia, o caminho para quebrar essa barreira e, através disso, é possível experimentar uma vida de liberdade através do perdão de Deus:

> O desejo de Deus é que o arrependimento e o perdão sejam o ar espiritual que respiramos. Expire: arrependimento. Inspire: perdão. O cristão que tem a noção contínua e regeneradora da aceitação e do perdão de Deus está livre - livre para viver audaciosa e corajosamente por Cristo.[40]

Ainda que a ação de Deus em favor da humanidade tenha sido grandiosa, surgem dúvidas se ela é suficiente, pois parece que existem pecados que de fato podem ser perdoados e outros não; no entanto, essa é uma visão humana e não divina. Todo o pecado confessado diante de Deus pode ser perdoado por Ele, afinal o sacrifício de Cristo na cruz foi completo por todo e qualquer pecador que se reconheça como tal:

> Cristo não se recusará a salvar grandes pecadores, que de maneira correta vierem a Deus por sua misericórdia; pois esta é a Sua obra. É o Seu ofício ser um Salvador de pecadores; é o trabalho para qual ele veio ao mundo; e, portanto, ele não se negará a fazê-lo. Ele não veio para chamar os justos, mas pecadores ao arrependimento (Mateus 9.13). Pecado é o próprio mal que ele veio ao mundo para remediar, portanto Ele não se oporá a nenhum homem por ele ser muito pecaminoso. Quanto mais pecaminoso ele for, mais há a necessidade de

Cristo. A pecaminosidade do homem foi a razão da vinda de Cristo ao mundo; esta é a mesma miséria da qual Ele veio libertar os homens. Quanto mais eles os têm, mais eles precisam ser libertos: "os sãos não precisam de médico, apenas os que estão doentes" (Mateus 9.12). O médico não se oporá a curar o homem que o solicita, que está em grande necessidade de ajuda dele. Se um médico de compaixão vai entre doentes e feridos, certamente ele não irá se recusar a curar aqueles que estão em maior necessidade de cura, se ele é capaz de curá-los.[41]

O pecado da humanidade contra Deus custou a vida de Seu filho. Portanto o pecado é um problema grave na vida do ser humano. É totalmente errôneo pensar que qualquer coisa inferior ou superior ao sangue de Cristo poderia resolver o problema do pecado. A pior consequência decorrente deste é o afastamento de Deus. Não há nenhuma virtude no ser humano que poderia resolver sua situação com Deus, tudo dependia do Criador.

Estar sob o tormento de uma vida espiritual morta por conta do pecado, deixa claro que o homem não consegue vencê-lo sozinho. O pecado é tão grande em relação à humanidade que a torna escrava e muito pequena em relação a Deus que pode ser destruída. É visível que ao longo da história, toda a ação humana, para tentar se relacionar com Deus e buscar o perdão, foi insatisfatória, todos os sacríficos foram imperfeitos. No entanto, quando Aquele que era sem pecado se tornou o sacrífico perfeito, o problema foi resolvido. Através disso, fica evidente que ninguém poderia ter feito o que Deus fez em favor dos pecadores, Sua ação foi completa e satisfatória, não deixando espaço para questionamentos quanto à perfeição de Seu perdão. Portanto, este "deve ser encarado como um ato de graça divina, que deve ser recebido com gratidão".[42]

2.2 Os ensinos de Jesus a respeito do perdão

Ao longo de seu ministério terreno, Jesus ensinou muitas coisas para aqueles que o ouviam e alguns de seus discípulos fizeram registros disso, os quais podem ser encontrados nos evangelhos sinóticos. Além de instruções a respeito de um relacionamento genuíno com Deus, Jesus também apresentou diretrizes a respeito do relacionamento com o próximo e, ao tornar-se um discípulo genuíno de Jesus, o indivíduo passa a viver na contramão do mundo, uma vez que terá de discernir os acontecimentos de uma perspectiva espiritual. Ter Jesus como o principal exemplo de uma vida que agrada a Deus implica em viver os seus ensinos de forma completa, embora haja questionamentos se de fato eles podem ser vividos e praticados por pecadores, é imprescindível lembrar que a eficácia dos mesmos não depende da força de homens e, sim, da ajuda do Espírito Santo.

Uma das coisas que Jesus ensinou foi o perdão. Falar desse assunto pode gerar um certo desconforto na humanidade. Afinal, grande parte dela está acostumada a abandonar aqueles que lhe causaram ferimentos. Em um mundo onde o individualismo tem ganhado espaço, tornou-se comum não perdoar aqueles que falham. Porém, nem tudo o que é o comum deve ser visto como normal e Jesus consolida isso ao falar sobre a necessidade do perdão. Ao discorrer sobre como tratar o pecado de um irmão, Jesus salienta algumas atitudes a serem tomadas:

> Se o seu irmão pecar contra você, vá e repreenda-o em particular. Se ele ouvir, você ganhou o seu irmão. Mas, se não ouvir, leve ainda com você uma ou duas pessoas, para que, pelo depoimento de duas ou três testemunhas, toda questão seja decidida. E, se ele se recusar a ouvir essas pessoas, exponha o assunto à igreja; e, se ele se recusar a ouvir também a igreja, considere-o como gentio e publicano. (Mt 18.15-17)[43]

Nesse texto bíblico, Jesus deixa evidente que aquele que se considera ofendido e machucado por conta do pecado de um irmão, deve ir atrás deste e lhe mostrar o erro. Jesus não orienta que o ofendido rompa o relacionamento imediatamente, espalhe a situação para outras pessoas e tão pouco fique com pena de si mesmo. A ordem não é essa. Quando se procura pelo ofensor, o objetivo principal deve ser o de resolver a situação em amor:

> Devemos procurar a pessoa com o objetivo de ganhar nosso irmão, não de ganhar uma discussão. Não é difícil ganhar uma discussão e perder um irmão. Ao procurar restaurar um irmão ou irmã, é necessário ter um espírito manso e gentil (Gl 6.1). Não se deve condenar quem nos ofendeu nem fazer fofocas a seu respeito, mas sim tentar ajudá-lo com todo amor, da mesma forma que gostaríamos que alguém nos ajudasse se tivéssemos errado.[44]

Embora a atitude do ofendido de procurar o ofensor seja plausível, deve considerar-se que ela pode não ter êxito na primeira tentativa. Uma vez que o ofensor não aceite a repreensão, o ofendido é orientado a, então, chamar testemunhas para ir com ele e tentar novamente resolver a questão. "A recomendação de incluir uma ou duas testemunhas não apenas deve aumentar a autoridade da advertência, mas também deve servir para esclarecer os fatos que a pessoa eventualmente negue ou distorça".[45] Por fim, se o irmão ainda se recusar a ouvi-los, então, a questão deve ser levada para a Igreja resolver. A missão da Igreja continua sendo a de restaurar o irmão e não de acusar, porém, se ele também se recusar a ouvir a Igreja, deve ser tratado como gentio e publicano; "não deve ser tratado como um irmão espiritual, pois ele abriu mão dessa posição. Só pode ser tratado como alguém de fora, sem ser odiado, mas também sem comunhão com os outros".[46] Engana-se quem pensa que o fato de ser tratado como gentio e publicano implica em ser esquecido; "na boca de Jesus, os termos *pagão e publicano* claramente indicam que o excluído deve ser ganho novamente".[47]

Alguns teólogos concordam com a ideia de que a expressão "contra você" não é encontrada nos textos originais. Dessa forma, afirmam que o ponto central desse texto é a restauração de um irmão que tenha cometido um pecado. Sendo assim, a necessidade de perdão, seja de Deus ou de algum irmão, não deve ser excluída. Afinal, é por meio dele que a restauração pode ser conquistada.

Os erros que as pessoas cometem são incontáveis. Entre eles, há aqueles que são feitos propositadamente e, outros, não. Com essa realidade, Jesus salienta um fator imprescindível para conseguir perdoar e, ao fazê-lo, entender que essa é a vontade de Deus para Seus filhos:

> Tenham cuidado. Se o seu irmão pecar, repreenda-o; se ele se arrepender, perdoe-lhe. Se pecar contra você sete vezes num dia e sete vezes vier para lhe dizer: "Estou arrependido", perdoe-lhe. Então os apóstolos disseram ao Senhor: "Aumente-nos a fé". Ao que o Senhor respondeu: "Se vocês tivessem fé como um grão de mostarda, diriam a esta amoreira: 'Arranque-se e transplante-se no mar'. E ela obedeceria. Qual de vocês, tendo um servo ocupado na lavoura ou em guardar o gado, lhe dirá quando voltar do campo: 'Venha agora mesmo e sente-se à mesa?' Não é verdade que, ao contrário, lhe dirá: 'Prepare o meu jantar. Apronte-se e sirva-me enquanto eu como e bebo. Depois, você pode comer e beber?' Será que ele terá de agradecer ao servo por ter feito o que lhe havia ordenado? Assim também vocês, depois de terem feito tudo o que lhes foi ordenado, digam: 'Somos servos inúteis, porque fizemos apenas o que devíamos fazer". (Lc 17.3-10)[48]

Aqui Jesus deixa claro a disposição que os discípulos deveriam ter em perdoar. Quando um pecado é cometido, este deve ser repreendido, deve ser confrontado. A prática do perdão não pode ser feita de qualquer jeito, como por exemplo perdoar por perdoar, sem que haja arrependimento, "o processo precisa ser completo: pecado – repreensão – arrependimento – perdão".[49] Nada pode resolver os problemas de relacionamento entre os cristãos a não ser o perdão:

> Jesus disse que, se o nosso irmão pecar contra nós, devemos repreendê-lo; se ele se arrepender, devemos perdoá-lo. O silêncio, portanto, não é sinônimo de perdão. O tempo não atenua a dor e nem cura a ferida. O confronto é o caminho da restauração. Não é sensato adiar a solução de um problema interpessoal. Não devemos subestimar o poder da mágoa. A única maneira de estancar esse fluxo venenoso é pelo confronto que desemboca no

arrependimento e no perdão.[50]

Além da necessidade de perdoar, outro fator pertinente é a quantidade do mesmo. O perdão não é limitado a quantas vezes e nem circunstâncias. Jesus afirma que o perdão deve ser liberado quantas vezes for solicitado e aqueles que experimentam disso no relacionamento com o Senhor, estão aptos a oferecer a seus semelhantes. Ao ouvir tais coisas de Jesus, os discípulos clamam "aumente-nos a fé". Afinal, viver o perdão dessa forma é sobre humano; por isso, os discípulos clamam pela "força de fé e autoridade de fé que Deus queira acrescentar ao agir e ao procedimento deles".[51] Perdoar somente pela força humana é lutar contra a sua natureza, é necessário o agente do perdão:

> Todos estamos abaixo do padrão. "Aumenta-nos" significa que estamos muito abaixo. Nenhum de nós está nesse nível, ninguém em parte alguma deste planeta está naturalmente nesse piso, natureza humana nenhuma vive sossegada nesse andar. Esse andar da vida é um andar de extremo auto sacrifício é o andar da cruz, do morrer, do "segue-me", do crescer. É o piso do humilhado, do carente, do que sabe que não tem, do que reconhece que sozinho não pode. O Senhor é o único que pode nos ajudar nesse caminho de elevação da nossa fé. É lindo o que Pedro e os apóstolos nos dizem. Eles não dizem "Senhor, aumentaremos a fé", mas pedem: "Senhor, aumenta-nos a fé". Por trás desse pedido eles estão confessando: "Só tu, só o teu trabalho em nossa vida, Senhor, pode ergue-nos. Se não houver uma intervenção tua, do teu Espírito em nós, não sairemos nunca do teor tateante do pó. Aumenta-nos a fé".[52]

Ninguém pode gloriar-se por conseguir perdoar. Qualquer boa ação do discípulo para com Deus ou com seus semelhantes é decorrente da ação Dele em sua vida. Tudo o que o servo faz, faz porque deveria fazer. Quando há arrogância na vida de algum discípulo, Jesus arrebenta com ela:

> A ideia básica dessa parábola é que todo recurso, toda confiança e todo apoio na realização própria são condenados. Tudo é pura graça. O juízo de Jesus sobre a obra do servo de Cristo aniquila plena e cabalmente o farisaísmo, apagando de maneira radical qualquer pen-

samento meritório por parte do ser humano e qualquer compromisso e obrigação de Deus perante o ser humano.[53]

2.3 O perdão que Deus espera

Chamados de povo de Deus os cristãos possuem virtudes que o mundo não possui. A natureza cristã implantada nos filhos de Deus faz com que estes vivam de forma diferente e exerçam suas virtudes para com os outros. Muitas pessoas que dizem conhecer a Deus, o conhecem apenas na teoria, pois quando surgem situações de tornar esse conhecimento prático, não o fazem. Quando os cristãos se deparam com situações em que precisam agir segundo os ensinos do Senhor, a ideia de poder negociá-los toma a sua mente.

Ao relatar ensinos a respeito do perdão, a Bíblia sempre aponta para aquilo que Deus espera. Logo, é necessário fazer segundo a Sua vontade. Não se pode negociar os padrões do Senhor visando benefício próprio. Por estar sendo aperfeiçoado e moldado por Deus, um cristão tem em si a capacidade de poder liberar perdão, uma vez que este recebeu o perdão de Deus e faz parte da comunidade dos santos. Através da compreensão de que pessoas são falhas, entende-se que em algum momento, o perdão terá que surgir dentro dos relacionamentos. É imprescindível lembrar que ao falar sobre perdão relacional, Deus nunca disse que algumas coisas poderiam ser perdoadas e outras não. Independente do erro, o perdão precisa ser oferecido.

Nenhuma falha cometida contra o outro pode ser comparada com aquilo que se faz contra Deus. O maior pecado de qualquer pessoa sempre será contra Deus. Apesar disso, Ele está sempre disposto a perdoar, desde que exista reconhecimento do pecado e arrependimento, demonstrando, assim, que o perdão surge após uma falha. Dentro dos inúmeros relacionamentos desenvolvidos por uma pessoa, as frustações geralmente surgem com aquelas com que se tem maior proximidade, por serem pessoas estimadas e que compartilham da vida uma da outra. Nesses casos, a decepção é maior:

> A gente não se aborrece facilmente com pessoas com as quais não temos intimidade; tal como o homem que mora ali naquela rua ou a mulher que mora em outra cidade. As pessoas com as quais não temos um relaciona-

> mento íntimo geralmente não tem o poder de nos ferir ou enraivecer de maneira mais profunda. Aqueles que nos deixam transtornados são os que temos mais proximidade - maridos, esposas, pais, autoridades que estão diretamente sobre nós, pastores, professores, patrões, amigos e aqueles dos quais esperamos muito. Estas pessoas tem o poder de nos ferir.[54]

Tendo a dimensão de que os erros sempre estarão presentes nos relacionamentos, a forma de encará-los precisa ser a correta. Comentando o texto de Lucas 17.3-10, Caio Filho aponta duas ideias errôneas a respeito do perdão, as quais são disseminadas atualmente:

> A primeira é que a de que o silêncio é a voz do perdão. É mentira, no entanto, é exatamente isso que a gente aprende: que o silencio é a voz do perdão! Asseveramos: "Não disse nada porque está resolvido, está perdoado". É mentira! O silêncio não é a voz do perdão, o silêncio é a voz da "raiz de amargura". O silêncio é a voz da maligna acusação profunda, é muitas vezes a voz sem som de um coração cheio de autopiedade. Outra ideia falsa que Jesus desmistifica e destrói é a de que o tempo é um santo remédio para curar as relações. Quantas pessoas estão ruminando um atrito dez, quinze anos? Nas vidas de quantas pessoas a ruptura começou apenas com uma ferida, hoje transformada em carne viva? O tempo não é um santo remédio. Talvez o tempo aja com respeito às rejeições interpessoais não curadas tanto quanto um câncer não tratado age no corpo humano. Ao invés de debelar, produz metástase em todos os órgãos.[55]

O único jeito de resolver um relacionamento rompido é perdoando. O perdão que Deus ensina vai muito além de uma emoção - é decisão. Se reconhece que a pessoa com a qual se tinha um relacionamento próximo errou e, por conta disso, carece de perdão. Contudo, é importante lembrar que existem erros que geram graves consequências, e o fato de o transgressor ter sido perdoado não as anula. Pessoas que cometem agressões físicas, estupros, roubos e assassinatos terão de arcar com os resultados disso. Anular essas consequências, seria ignorar completamente a vítima que sofreu tais atos.

Pessoas que se deparam com situações em que precisam perdoar, lutam com sentimentos como a mágoa, a raiva, a decepção, a frustração. Com o cristão não é diferente, não se pode mudar esses sentimentos, mas pode-se mudar a forma de encará-los. Os sentimentos negativos de certa forma são consequências do erro cometido, o que acaba influenciando também na forma de ver a pessoa que errou. O amor que antes havia é tomado por sentimentos negativos. Por isso, antes de perdoar é necessário que esse amor volte a existir:

> Quando os relacionamentos de afeto e de confiança são rompidos pela percepção de um erro, o relacionamento de amor começa novamente conforme muda minha maneira de enxergá-lo. Esta é a maneira mais acessível, mas possível, e geralmente mais eficaz de voltar a nos amar. Posso mudar a maneira como o enxergo. Embora meus pensamentos estejam confusos com emoções muito diversas, minhas intenções estejam ambivalentes, em direções divididas, posso redefinir a forma como o encaro. Muitas vezes esta é a única mudança possível como ponto de partida.[56]

Ao falar de perdão, a Bíblia geralmente relaciona-o com a Igreja. Pessoas que foram alcançadas pelo amor de Deus, agora fazem parte do Corpo de Cristo. Ainda que esteja sendo lapidada por Deus, a Igreja não é perfeita. Logo, também precisa praticar o perdão:

> A Igreja é sem dúvida um dos lugares também difíceis de se estabelecerem relações interpessoais, o que pode até parecer estranho. No trabalho, onde todos são duros, as faces como pederneiras e os rostos como diamante, onde a lei é a da frieza e onde as intimidades se resguardam, parece que conseguimos passar indiferentes pela trajetória do outro, sem nos preocuparmos tanto com ele, com as suas coisas e a sua vida. Na comunidade dos irmãos, no entanto, onde se deseja ser família, onde os corações querem se despir, desnudar, onde os direitos são igualitários, onde o amor socializa as obrigações e os privilégios, onde as pessoas tiram as máscaras pela via do convívio e o poder da Palavra de Deus - que expõe a nossa verdadeira face não somente a Deus, mas também aos outros - aparecem as nossas doenças, as nossas

taras, as nossas rugas, as nossas malquerenças, as nossas incompreensões, as nossas distorções de comportamento e as nossas patologias. Também é ali que frequentemente um irmão fica ofendido contra outro irmão.[57]

Tendo em vista a realidade de desenvolver um relacionamento mais profundo uns com os outros, a Igreja é o lugar onde o perdão pode se fazer real. Pessoas que foram compradas por alto preço e alcançadas pelo Senhor devem cumprir o seu chamado de andar em unidade. O perdão que Deus espera da Igreja é um perdão que une, pois somente assim poderá alcançar os perdidos. A Igreja primitiva tornou-se um grande exemplo de princípios que não devem ser ignorados. Ao cumprir a vontade de Deus, ela contou com Sua presença e atuação. A Igreja não deve copiar o mundo no que diz respeito a resolução de conflitos; o padrão de Deus precisa ser colocado em prática, visto que assim ela estará sendo relevante.

Lutar com armas humanas para resolver coisas espirituais é desastroso. Ao aceitar um pecador, Deus concede a Ele uma família e é essa família que recebeu o perdão de Deus, precisa aprender a concedê-lo aos seus semelhantes:

> De acordo com as Escrituras, nós, a igreja, o corpo de Jesus Cristo, somos a congregação dos perdoados! Deus nos conclama a receber o perdão que nos concede prodigamente, e a voltar-nos e derramar esse mesmo perdão a todos aqueles que se encontram ao nosso redor - de modo liberal, rico e exuberante - em gratidão a Deus pelo amor e perdão abundantes exorbitantes e incondicionais que ele nos deu![58]

Cultuar a Deus sem haver uma tentativa de resolver questões pendentes é condenado por Jesus. O Senhor espera que as relações entre os irmãos estejam alinhadas com a devoção a Ele:

> Enquanto a relação com o irmão não for passada a limpo, toda oração e leitura da Bíblia e todo culto não somente são inúteis, mas também desgastantes e pecaminosos. Para Deus é muitíssimo mais importante e mais necessário um diálogo pelo qual se supera uma amargura ou uma perturbação da fraternidade, do que culto e celebração da Ceia.[59]

3. A PRÁTICA DO PERDÃO MEDIANTE O PERDÃO RECEBIDO

Dificilmente é possível oferecer algo que antes não se tenha recebido ou experimentado. O fato de ter conhecimento da natureza e até mesmo da qualidade daquilo que se oferece acarretam benefícios positivos para quem o recebeu e credibilidade para quem oferece. Experiências marcantes, sejam elas positivas ou negativas, afetam a personalidade e o caráter de um indivíduo, e esses traços variam dependendo da compreensão daquilo que é certo ou errado.

Para tornar-se um cristão, o ser humano passa por uma série de experiências que vão lapidando a sua vida como um todo e um dos primeiros processos é a conversão. Nela há a dimensão do pecado e o quanto isso desagrada a Deus, o tamanho do amor do Senhor pela humanidade ao enviar Seu filho e a necessidade de ser perdoado. Após a conversão, as mudanças tornam-se constantes, "uma vez que tenhamos nascido na família de Deus, Ele quer que prossigamos crescendo até a maturidade espiritual".[60]

Juntamente com outras virtudes, o perdão é algo que primeiro se recebe e depois se oferece, visto que "Deus em Cristo nos perdoou e por isso devemos ser imitadores de Deus perdoando os outros".[61] Embora haja dificuldades decorrentes da situação em que há a necessidade de perdão, a vontade de Deus para que seus filhos perdoem não depende somente deles, pois através do Espírito Santo, o cristão é capacitado a perdoar. O perdão é possível porque não depende somente de homens pecadores, existe também a ação do onipotente Senhor.

3.1 O perdão como exigência/mandamento de Deus

Nas Escrituras, é possível encontrar a vontade de Deus para seus filhos. Muitos dos que se aproximam do Senhor com o a ideia de que poderão servi-lo do seu jeito, logo o abandonam. Diferente de uma receita de bolo na qual pode-se mudar e até mesmo acrescentar mais ingredientes, a Bíblia não pode ser alterada, ela deve ser seguida tal como é, pois é a vontade do próprio Deus que ela carrega. Percebe-se uma fácil aceitação dos ensinos que não interferem profundamente na vida de um discípulo de Cristo, mas, em contrapartida, uma grande dificuldade em áreas em que este precisa agir como não deseja e, sim, como Deus quer. Tal atitude é perceptível a respeito do perdão. Uma das frequentes alegações de não perdoar alguém é o fato de que este não merece o perdão, o que é uma grande verdade, afinal ninguém merece ser perdoado.

O maior ato de perdão na história da humanidade não foi sobre um ser humano perdoando outro e, sim, o próprio Deus perdoando a sua criação por meio de Jesus. Através dessa atitude, Deus deixou um exemplo claro de como e o porquê perdoar. Através disso, compreende-se que o perdão é uma decisão, primeiro anunciada verbalmente e depois consolidada através da atitude e, esses dois fatores, contribuíram positivamente para que a vontade de Deus se cumprisse. Tudo o que Deus ensinou a respeito do perdão não se limita a belos ensinos teóricos - é a própria vontade do Senhor ensinada com o intuito de que seja praticada pelos Seus filhos.

Ao ler os textos bíblicos referentes ao perdão, não há menções diretas a respeito dos sentimentos que o indivíduo que foi ferido experimenta. Afirmar que por não serem descritos, eles são ignorados por Deus é um grande erro, obviamente o Senhor se importa com os sentimentos dos seus discípulos, contudo, não são eles que definirão se haverá ou não o perdão. Dentro dos relacionamentos em que houve uma falha, sentimentos como dor, decepção, frustração, mágoa, raiva e tantos outros acabam surgindo. Estes devem ser colocados diante do Senhor, somente Ele ajudará a lidar com os mesmos.

Em situações singulares em que não se tinha intimidade com alguém que tenha cometido um erro, o desejo por justiça acaba excedendo e até mesmo excluindo a necessidade do perdão:

> A necessidade de determinar de quem é a culpa está bem próxima do centro moral de uma pessoa. Quando uma injustiça é cometida, ou um ato mau é feito, designa-se a responsabilidade numa tentativa consciente de criar justiça a partir de uma situação injusta, ou de um desejo inconsciente de acertar a contabilidade interna de justiça tão profundamente arraigada em cada um de nós.[62]

Apesar de existirem situações discrepantes relacionadas a necessidade de perdão, como relacionamentos com pessoas próximas e pessoas que nem se quer havia qualquer contato antes da situação que carece de perdão, é válido salientar que Deus não coloca o perdão como relativo, não há situações em que deve existir perdão e outras não. O perdão é para toda e qualquer situação. A diferença ocorre somente na possibilidade de reconciliação com aqueles que são próximos e afastamento com aqueles que antes não se havia nenhum contato.

A disposição de conceder perdão conta com uma ação do Espírito Santo na vida do discípulo do Senhor, o padrão é o exemplo que o próprio Deus concedeu por meio de Cristo. "Devemos perdoar, porque fomos perdoados. Devemos perdoar como fomos perdoados".[63]

Muitos usam da frase "é impossível perdoar como Deus perdoou" como um escape para não perdoar e afirmam que os ensinos de Jesus a respeito do perdão são utópicos, contudo, se fosse algo que indivíduos que são transformados constantemente pelo Senhor não pudessem praticar, dificilmente estariam nas Escrituras como diretrizes para discípulos cristãos.

Tudo o que envolve o Reino de Deus vai na contramão do mundo. Ao perdoar segundo a forma que Ele ensinou, aquele que o faz, propaga a vontade do Pai. O padrão que Deus ensinou acerca do perdão é transformador e libertador, colocá-lo em prática torna o discípulo mais semelhante ao Mestre. Os relacionamentos tanto com irmãos em Cristo quanto com aqueles que não desfrutam de uma vida cristã, carecem deste perdão. Em ambos os casos, quando se libera o perdão é como colocar brasas vivas na cabeça do ofensor, afinal tal atitude é oferecida a quem não merece.

Por ter sido comprado por alto preço, o discípulo de Jesus precisa revestir-se Dele, a forma antiga de pensar é mudada para os novos padrões. Essa nova vida conta com o Conselheiro, aquele que é capaz de fazer coisas inimagináveis na vida de alguém, como a capacidade de este liberar perdão para um ofensor. O Reino de Deus é visível quando Ele Reina; quando a Sua vontade é vivida na vida de Seus filhos; quando um servo tem um profundo desejo de que o reino de seu senhor seja operante e admirado. Embora saiba que seja inferior ao senhor, ele desempenha sua função com o intuito de cooperar para a eficiência do reino, mas ele não conhece plenamente a vontade de seu senhor. No Reino de Deus é diferente, Jesus chama os seus não mais de servos e, sim, de amigos porque eles conhecem a Sua vontade. Os "servos simplesmente fazem o serviço que lhes é designado, mas amigos têm a nossa confiança. Ao amigo revelamos nossos planos".[64]

Revelando o seu plano por meio das Escrituras, o discípulo genuíno tem total acesso a vontade de Deus e agora tem o desafio de colocá-la em prática. Além de conhecer a vontade Dele acerca do perdão, é preciso desfrutar dele dentro de seus relacionamentos.

3.2 Perdão dentro dos relacionamentos

Todo o ser humano desfruta de inúmeros relacionamentos ao longo de sua vida. Alguns iniciam ainda quando criança e duram por toda a vida, outros surgem na escola, na faculdade, na igreja e no trabalho. Muitos deles iniciam com um sentimento de afeição e confiança e acabam tornando-se bem próximos. Durante o desenvolvimento desses relacionamentos, surgem situações difíceis de se lidar e que precisam ser resolvidas. Quando isso ocorre, uma manifestação de graça se faz necessária:

> Entre as características do amor cristão, o perdão é a que mais revela a graça de Deus. Isso porque, quando verdadeiro, parte do pressuposto do absoluto desmerecimento de seu objeto. Quem perdoa é tomado de um poder de graça conhecido por poucos. Um poder que inunda a alma com um compromisso quase insano de livrar-se do ressentimento.[65]

Através do perdão, é possível lidar de forma diferente com os sentimentos negativos decorrentes do erro de alguém, visto que eles não são mais alimentados. Agora, surge a oportunidade de ver o ofensor da forma que Cristo o vê, como alvo do amor de Deus. Ao liberar perdão para alguém que não é convertido, o testemunho que o ofendido demonstra através de sua atitude aponta para Jesus, podendo tornar-se também uma oportunidade de anunciar o Evangelho.

No que diz respeito aos relacionamentos entre os cristãos, situações delicadas também surgem e necessitam de perdão. Ao escrever cartas às igrejas, em muitas delas, Paulo salienta o modo de viver que os irmãos deveriam ter, já que vivem uma vida nova, uma vida segundo a vontade do Senhor. Em contraste com a velha natureza, Paulo orienta aos colossenses como deveria ser a nova essência deles:

> Portanto, como eleitos de Deus, santos e amados, revistam-se de profunda compaixão, de bondade, de humildade, de mansidão, de paciência. Suportem-se uns aos outros e perdoem-se mutuamente, caso alguém tenha motivo de queixa contra outra pessoa. Assim como o Senhor perdoou vocês, perdoem também uns aos outros.

(Cl 3.12-13)[66]

Por ser povo escolhido, santo e amado de Deus, eles deveriam possuir virtudes que apontassem para sua nova vida. O perdão é uma evidência de uma vida alcançada pelo Senhor:

> Como resultado de revestir-se com a *paciência* eles devem mostrar clemência constante *uns aos outros*. Quando surgem queixas legítimas na comunidade, os leitores são estimulados a perdoar uns aos outros. Paulo emprega um verbo especial para perdoar (traz a ideia de "cancelar as dívidas" na parábola dos dois devedores, Lc 7.42), usado em outros trechos com referência à generosidade ou ao perdão de Deus (Rm 8.32; 1Co 2.12; Ef 4.32). O tempo verbal presente deixa claro que esse perdão deve ser incessante, mesmo incansável (observe o ensino de Jesus, Mt 18.22). A razão e motivo para essa resposta são da maior relevância: *Assim como o Senhor vos perdoou*. A poderosa obra da reconciliação de Cristo (1.22) é a base na qual se fundamenta esse perdão de pecados, enquanto o pleno impacto do sacrifício de Cristo na cruz é proposto como modelo do estilo de vida ao qual o crente se "conforma".[67]

Por ter sido perdoado por Deus, seu povo tem o desafio de reproduzir com seus irmãos aquilo que um dia recebeu:

> Devemos perdoar porque fomos perdoados. A igreja é a comunidade dos perdoados. Aqueles que são receptáculos do perdão devem ser também canais do perdão. O perdão que recebemos de Deus é sempre maior do que aquele que concedemos ao próximo.[68]

Pensar que o fato de saber lidar com as consequências decorrentes de um erro é o suficiente para que a situação se resolva é um grande engano. Muito além de não alimentar sentimentos e pensamentos negativos a respeito do ofensor, é necessário agir para que a situação se resolva. A ordem de Deus é clara:

> Revesti-vos de perdão (Cl 3.13). Esse é o resultado lógico de tudo o que Paulo escreveu até aqui nesta seção. Não basta ao cristão suportar as tristezas e as provocações sem se vingar; também deve perdoar os que causam dificuldades. Se não o fizer, sentimentos de maldade começarão a nascer em seu coração, levando a outros pecados

de consequências ainda mais graves.
O perdão faz parte da semelhança a Cristo (Ef 4.32) e abre o coração para a plenitude do amor de Deus.[69]

O ensino nesse texto a respeito do perdão é extremamente aplicável a vida de um cristão. Entendendo que primeiramente Deus deu o exemplo e depois o ensino, evidencia que Ele sabe o quão desafiador é colocá-lo em prática, mas, ainda assim, requer que seja praticado. Muito além de ser considerado um belo ensino, o perdão só é eficiente quando sai da teoria:

> Precisamos ser capacitados para praticar o perdão exigido na Palavra de Deus. Um dos testes eficientes de averiguação da autenticidade das orientações bíblicas é perceber como elas se aplicam à vida. Deus requer que perdoemos aos ofensores e nos capacita a fazê-lo. Somos desafiados a imitar a Deus, em cada aspecto do processo do perdão, o que significa renunciar completamente à vingança, substituindo-a pela justiça e pelo amor.[70]

Ao despir-se da velha natureza, o discípulo de Cristo reveste-se daquilo que agora deve fazer parte de sua vida. Dificilmente será possível perdoar, se os padrões antigos e mundanos ainda estão presentes na vida de um indivíduo que se converteu a Cristo. A transformação é profundamente necessária, não somente no exterior, mas também no interior. A eficácia do perdão nos relacionamentos só é possível quando o padrão de Deus para o mesmo é obedecido.

Além de orientar os cristãos de Colosso acerca do perdão, Paulo também orienta os Efésios de forma semelhante. Ao invés de manter atitudes erradas dentro da igreja após a conversão, é necessário um caminho diferente. Apesar de haver dificuldade nos relacionamentos dentro da comunidade, o perdão acaba sendo um aprendizado para todos. Nutrir sentimentos ruins é prejudicial para um indivíduo e é empecilho para que a vontade de Deus seja obedecida:

> Um espírito rancoroso dá espaço ao trabalho do diabo e se torna um campo de batalha para os cristãos. Se alguém nos magoa, intencionalmente ou não, e não perdoamos essa pessoa, começamos a desenvolver uma

amargura que endurece nosso coração. Devemos ter um coração terno e bondoso, mas, em vez disso, ficamos com o coração empedernido e amargurado. Na verdade, não estamos magoando a pessoa que nos feriu, mas apenas a nós mesmos. A amargura no coração nos faz tratar os outros da mesma forma que Satanás os trata, quando deveríamos trata-los como Deus nos tratou. Em sua graça e bondade, ele nos perdoou, e devemos perdoar os outro. Não perdoamos para nosso próprio bem (apesar de sermos abençoados nesse processo), nem para o bem dos outros, mas sim por amor a Jesus Cristo.[71]

Entender que o perdão é a vontade de Deus para seu povo não deve gerar um conceito de "perdoar por perdoar", ao contrário, saber que o perdão faz parte da vontade de Deus é que deve estimular um discípulo a praticá-lo. É preciso imitar o Mestre naquilo que Ele já deu o exemplo:

> *Perdoando-vos uns aos outros* (*charizomenoi*) é literalmente "agindo com graça" uns para com os outros, assim como Deus em Cristo agiu com graça para conosco. Portanto, por causa da atitude graciosa de Deus e de suas ações generosas para conosco, devemos ser *imitadores* (*mimetai*) de Deus, *como filhos amados*. Assim como os filhos imitam os pais, assim nós também devemos imitar o nosso Pai, Deus, conforme Jesus nos mandou fazer.[72]

A possibilidade de existir relacionamentos saudáveis com aqueles que fazem parte do Corpo de Cristo está no cumprimento da vontade de Deus para o mesmo. Quanto mais perto de Deus seu povo está, mais capacitado se torna para perdoar:

> Nunca achei que o perdão fosse fácil e raramente o considero completamente satisfatório. As injustiças importunas continuam, e as feridas ainda doem. Tenho de me aproximar de Deus repetidas vezes, entregando a Ele os resíduos do que pensava ter entregado há muito tempo. Procedo dessa forma porque os evangelhos tornam clara a conexão: Deus perdoa as minhas dívidas como eu perdoo meus devedores. O inverso também é verdadeiro: apenas vivendo na correnteza da graça de Deus encontrarei forças para reagir aos outros com graça.
> Um cessar-fogo entre os seres humanos depende de um

cessar-fogo com Deus.[73]

As marcas que resultam de um erro não se desfazem facilmente. O perdão é o caminho para que elas sejam tratadas e diminuídas. Apesar de não ser algo natural "os evangelhos nos dão uma resposta direta quanto à questão sobre porque Deus nos pede para perdoar: simplesmente por que é assim que Deus age".[74] Ao experimentar dessa graça que é o perdão, é preciso oferecer a outros. Essa ação torna-se uma evidência da experiência de ter sido perdoado por Deus.

3.3 Um reflexo da verdadeira experiência

Compreender que o verdadeiro perdão só pode ser oferecido após ter sido recebido torna os cristãos os maiores portadores dele. Dentro dos inúmeros ensinos bíblicos acerca do mesmo, o Senhor aponta para aquilo que é a Sua vontade no que se refere ao perdão. Ele não deve ser questionado, alterado ou ignorado, deve ser posto em prática.

Por ser limitado e falho, o ser humano alega inúmeras razões para não viver a vontade de Deus. Apesar de Ele capacitar e moldar aqueles que se aproximam, nem todos experimentam de uma profunda transformação. Isso é visível ao ver que pessoas que se dizem cristãs vivem segundo os moldes do mundo. Ao se deparar com situações em que as virtudes podem ser expressadas, opta-se por viver acomodado aos velhos padrões. O Senhor rejeita tal atitude, pois conversão sem mudança não é conversão. Quando Jesus chama os discípulos, Ele apresenta qual é a vontade de Deus e afirma que haverá um Conselheiro para ajudá-los a vivê-la. Ao caminhar com eles, Jesus fala de diversos assuntos e como deveriam proceder quando tais situações ocorressem. Ao ensinar acerca de como tratar a ofensa de um irmão, Jesus conta uma parábola para responder ao questionamento de Pedro a respeito de quantas vezes deveria perdoar o pecado de um irmão:

> Por isso, o Reino dos Céus é semelhante a um rei que resolveu ajustar contas com os seus servos. E, passando a fazê-lo, trouxeram-lhe um que lhe devia dez mil talentos. Não tendo ele, porém, com que pagar, o senhor desse servo ordenou que fossem vendidos ele, a mulher, os filhos e tudo o que possuía e que, assim, a dívida fosse paga. Então o servo, caindo aos pés dele, implorava: "Tenha paciência comigo, e pagarei tudo ao senhor". E o senhor daquele servo, compadecendo-se, mandou-o embora e perdoou-lhe a dívida. – Saindo, porém, aquele servo, encontrou um dos seus conservos que lhe devia cem denários. Agarrando-o, começou a sufocá-lo, dizendo: "Pague-me o que você me deve". Ele, porém, não quis. Pelo contrário, foi e o lançou na prisão, até que saldasse a dívida. – Vendo os seus companheiros o que havia acontecido, ficaram muito tristes e foram relatar ao seu senhor tudo o que havia acontecido. Então o

> senhor, chamando aquele servo, lhe disse: "Servo malvado, eu lhe perdoei aquela dívida toda porque você me implorou. Será que você também não devia ter compaixão do seu conservo, assim como eu tive compaixão de você?" E, indignando-se, o senhor entregou aquele servo aos carrascos, até que lhe pagasse toda a dívida. Assim também o meu Pai, que está no céu, fará com vocês, se do íntimo não perdoarem cada um a seu irmão. (Mt 18.23-35)[75]

Esse é um texto profundo. Ele "apresenta duas verdades magnas: o perdão que recebemos de Deus e o perdão que devemos dar ao nosso irmão".[76] Percebe-se nessa parábola que todos têm contas para acertar com Deus, todos são devedores diante Dele. Não há ninguém que, por ser extremamente bom, esteja fora dessa situação. A dívida com Deus é decorrente do pecado que abrange toda a humanidade. O rei dessa parábola é Deus e, por ser justo, fará com que todos se apresentem diante Dele para resolver sua dívida. Ao apresentar-se diante de Deus, o servo pensa ser possível pagar sua dívida e pede ao rei por paciência. Contudo, sua dívida era impagável, afinal, "era impossível que uma pessoa naquela época devesse dez mil talentos".[77] A situação do servo "não tinha solução, exceto por um detalhe: o rei era um homem compassivo. Aceitou o prejuízo e perdoou o servo".[78]

Jesus usa de uma hipérbole para expressar o tamanho da dívida já que "ganhando um denário por dia, ele precisaria trabalhar 150 mil anos para pagar a sua dívida. A promessa do devedor de quitar a dívida era absolutamente impossível de ser cumprida".[79] De igual forma, por vezes, homens pecadores aproximam-se de Deus pensando haver a possibilidade de pagar por seus pecados, contudo, carecem da misericórdia e da bondade de Deus. O servo experimentou isso tendo em vista que não merecia ser perdoado. Todavia, "o perdão não é algo que merecemos, mas a dádiva de Deus da qual precisamos".[80] O perdão concedido por Deus não tem a ver com méritos humanos e, sim, com Sua essência.

Tendo sido agraciado por tamanha bondade por parte do rei, o servo, por sua vez, se depara com seu conservo, o qual lhe devia um valor extremamente menor comparado com o seu. O conservo lhe faz o mesmo pedido que ele fez ao rei. Esperava-se que sua atitude também fosse semelhante com a do rei, mas, deploravelmente, não foi; "em vez de compartilhar com esse amigo a alegria do perdão recebido, o servo perdoado maltratou-o e exigiu que pagasse a dívida".[81] Há uma grande diferença nos valores que ambos deviam: "dez mil talentos são seiscentas mil vezes mais do que cem denários".[82]

A triste situação relatada na parábola é perceptível atualmente. Pessoas que foram perdoadas de dívidas grandiosas, não conseguem perdoar aqueles que lhe devem tão pouco. Carson afirma que "à luz da graça incalculável de Deus a nós, é ridículo e também uma grande maldade de nossa parte nos recusarmos a perdoar os outros".[83] A forma como se lida com as falhas que os outros cometem, embora sejam mínimas, é contrária à de Deus. Nessa parábola, "Jesus não sugeriu que as dívidas que têm conosco os que pecam contra nós não sejam graves - muitas vezes são -, mas, comparado com as nossas dívidas com Deus, não são praticamente nada".[84] Conseguir perdoar é uma expressão de gratidão pelo perdão recebido de Deus.

Ao ser questionado pelo rei o motivo de não ter perdoado o conservo que lhe devia tão pouco, o servo é entregue a carrascos até que lhe pagasse toda a dívida. Percebe-se que a falta de perdão é decorrente de um coração duro e ingrato com Deus:

> O credor incompassivo não perdoou seu conservo, porque não compreendeu a grandeza do perdão que havia recebido. Assim somos nós. Não conseguiremos ministrar perdão às pessoas que nos devem e nos ofendem se não atentarmos para a grandeza imensa do perdão que recebemos de Deus. Quando sonegamos perdão às pessoas que nos ofendem, estamos sendo ingratos a Deus. Quando nos recusamos a perdoar alguém, estamos fazendo pouco caso do imenso perdão que recebemos de Deus.[85]

É necessária a dimensão correta do perdão que Deus concede para os que buscam por ele e o que se espera é que a dinâmica também seja reproduzida com os outros. A falta de perdão desperta a ira de Deus e pode levar a uma prisão até que o perdão seja liberado. A dificuldade do servo é semelhante à de muitas pessoas:

> Qual era o problema desse homem? O mesmo de muitos cristãos professos: pessoas desse tipo *receberam* o perdão, mas não *experimentaram* esse perdão no mais profundo do coração. Assim, são incapazes de compartilhar o perdão com aqueles que os ofendem. Quando vivemos apenas de acordo com a justiça, sempre buscando o que nos é de direito, condenamo-nos a viver numa prisão.[86]

Inúmeras pessoas convivem com as consequências de não perdoarem seus ofensores. Aprisionam o seu ofensor e são juntamente aprisionados. "Quando nos fechamos para o perdão, somos lançados numa terrível prisão emocional, numa escura e infecta cadeia espiritual. A falta de perdão nos faz ferver por dentro".[87]

Através dessa parábola, Jesus salienta que não há medidas para o perdão. Todos são devedores diante de Deus, ninguém pode pagar sua própria dívida e "só podemos ter convicção do perdão que recebemos pelo sensor do perdão que damos".[88] A prática do perdão diz muito a respeito de quem o concede. "Se vivermos de acordo com o perdão, compartilhando com os outros aquilo que Deus nos concedeu, desfrutaremos de alegria e de liberdade".[89] A vida de intimidade com Deus sempre levará à prática, certamente não são coisas simples e fáceis de se viver, porém, possíveis. O perdão conduz a uma vida sadia e sem prisões, quebra paradigmas e libera graça. Conceder perdão aponta para o cumprimento da vontade de Deus, e isso basta.

CONCLUSÃO

Ser um discípulo de Jesus exige fidelidade. É preciso esforço e disciplina para obedecer-lhe segundo o padrão que por Ele foi proposto. Dentre as muitas coisas que o Senhor ofereceu aos pecadores, existem duas que Ele ordena que sejam reproduzidas entre os discípulos: o amor e o perdão. Os ensinos de Jesus acerca do perdão contrariam integralmente o que a sociedade compreende e reproduz a respeito do mesmo. Nos evangelhos de Mateus e Lucas, Ele mostra como as questões entre irmãos que estão em conflito precisam ser resolvidas, bem como a reprodução para outros daquilo que um dia lhe foi oferecido, isto é, o perdão de forma graciosa.

Muitos cristãos vivem sem a prática do perdão em suas vidas. Estes, ainda que tenham o conhecimento do padrão proposto por Deus, optam por ignorá-lo, ou seja, essa área é onde a fidelidade a Deus não é oferecida. Pelo fato de alguns cristãos não considerarem a falta de perdão como um pecado contra Deus e o próximo, conseguem negligenciá-lo. Quando tal posicionamento é adotado, as consequências começam a surgir e são gritantes, contudo, para tais pessoas, essas consequências parecem ser mais aceitáveis do que seguir a ordenança de Jesus. A dificuldade de confiar a Deus os sentimentos negativos diante do erro de alguém é o maior empecilho para liberar perdão. Ainda que haja a dimensão de que dentro dos relacionamentos há a possibilidade de uma ou ambas as partes falharem, quando ocorre, muitas das vezes, torna-se fatal. É assim que os incrédulos procedem e, lamentavelmente, muitos cristãos também.

Nas Escrituras, não se encontram maneiras de perdoar, mas somente uma, a qual Jesus ensinou. Levantar questionamentos acerca de quais pessoas devem ser perdoadas e também situações em que pode haver perdão é ir contra Deus. Um discípulo genuíno não nega as dificuldades a serem enfrentadas quando é necessário liberar perdão, mas compreendem que, apesar de qualquer coisa, precisa obedecer Seu Senhor. Contudo, vale salientar que Deus se importa com as possíveis consequências que o discípulo terá de lidar frente a um grave erro que sofrera e não somente com sua obediência. Certamente, o Deus que se fez homem conhece as dores e flagelos que a humanidade enfrenta no mundo caído. Em vista disso, oferece cura e restauração para os que Nele se refugiam.

Quanto Jesus exorta seus discípulos a perdoarem quantas vezes forem necessárias, eles clamam pelo aumento de sua fé, isto é, auxílio divino para viver essa ordenança, e ao perdoarem eles deveriam lembrar-se que fizeram somente o que era esperado deles. O Deus que ordena seus discípulos a perdoarem é o mesmo que lhes deu o exemplo, Ele conhece as dificuldades diante de tal ação, no entanto, decide perdoar mostrando, assim, que o perdão é uma decisão a ser tomada.

Ter a compreensão de que o perdão ocorre por meio do auxílio de Deus juntamente com a ação do ser humano faz com que as desculpas sejam deixadas de lado. Uma vez que o discípulo de Jesus entende de forma genuína a vontade Dele diante dos relacionamentos rompidos, ele terá em sua frente uma decisão a tomar, isto é, cumprir a vontade do Senhor ou ignorá-la. A decisão que ele irá tomar falará muito acerca de seu relacionamento com o Mestre, se é algo verdadeiro ou não. Jesus não espera outra coisa daqueles que se dizem seus discípulos a não ser que cumpram cabalmente a Sua vontade.

O padrão bíblico proposto por Deus a respeito do perdão é algo possível de se viver. Embora existam consequências diante de uma falta, estas não devam ser ignoradas. Torná-las maiores do que a possibilidade do perdão é tolice, pois quando Jesus falou acerca do perdão, Ele não tinha a pretensão de propor algo impossível de ser praticado, pelo contrário, Ele estava propondo a Sua vontade perfeita com o intuído de que, quando cumprida, transformasse pessoas e situações.

Os discípulos do Senhor são também seus cooperadores na missão de propagar e estabelecer o Seu Reino. Essa missão está relacionada com uma vida inteiramente dedicada e disposta a viver a vontade de Deus, e o perdão se encaixa nisso. Não é sobre a vontade do discípulo, mas sim do Seu Senhor. Se Ele afirmou que o perdão é algo real e possível de ser praticado é porque deve ser assim, não cabe ao discípulo questionar, mas tão somente viver. Quando os discípulos, capacitados pelo Espirito Santo se dispuserem a viver essa verdade, experimentarão o Reino de Deus sendo real em suas vidas.

Fica ainda a sugestão de uma pesquisa futura, de forma específica, acerca da possibilidade de reconciliação diante do perdão oferecido, buscando compreender os benefícios para as partes envolvidas.

REFERÊNCIAS

ADAMS, Jay. **De perdoado a perdoador:** aprendendo a perdoar uns aos outros da forma de Deus. Brasília: Monergismo, 2015. 219 p.

ARAÚJO FILHO, Caio Fábio de. **Perdão:** encarnação da graça. Belo Horizonte: Betânia, 1993. 59 p.

ARNOTT, John. **A importância do perdão.** Rio de Janeiro: Danprewan, 2002. 62 p.

AUGSBURGER, David. **Importe-se o bastante para perdoar.** São Paulo: Cristã Unida, 1992. 159 p.

BARCLAY, William. **The Gospel of Matthew.** Edinburgh: The Saint Andrew Press, 1997. 794 p. v 2.

BORTOLLETO FILHO, Fernando. **Dicionário brasileiro de teologia.** São Paulo: ASTE, 2008. 1048 p.

BRUCE, F. F. **Comentário bíblico NVI**: Antigo e Novo Testamento. São Paulo: Vida, 2009. 2271 p.

CARSON, D. A. **Comentário bíblico Vida Nova.** São Paulo: Vida Nova, 2009. 2176 p.

CAVALCANTI, Eleny V. de Paula. **Consolo.** São Paulo: Casa Editora Presbiteriana, 1990. 138 p.

CHAPMAN, Gary; THOMAS, Jennifer. **As cinco linguagens do perdão.** São Paulo: Mundo Cristão, 207. 250 p.

COLLINS, Gary R. **Aconselhamento cristão**: edição século 21. São Paulo: Vida Nova, 2004. 704 p.

DAVIS, Ron Lee. **Perdão incondicional.** São Paulo: Vida, 1987. 153 p.

EDWARD, Jonathan. **Perdão para os maiores pecadores.** [s.l.]: [s.n.], 2015. 25 p.

FILHO, Caio Fábio D'araújo. **Perdão:** encarnação da graça. Belo Horizonte: Editora Betânia 1993. 59 p.

FILHO, Fernando Bortolleto. **Dicionário brasileiro de Teologia.** São Paulo: Aste, 2008. 1048 p.

HARRISON, Everett. **Comentário bíblico Moody.** São Paulo: Batista Regular do Brasil, 2017. 1056 p. v 2.

HENRY, Matthew. **Comentário bíblico.** Rio de Janeiro: CPDA, 2002. 1116 p.

JONES, Robert D. **Em busca da paz:** princípios bíblicos para lidar com conflitos e restaurar relacionamentos quebrados. São Paulo: Nutra, 2014. 301 p.

KERR NETO, Guilherme. **Consciência limpa**: o lugar da confissão e do perdão na vida cristã. São Paulo: Vencedores por Cristo, 1996. 57 p.

LEWIS, C. S. **Cristianismo puro e simples.** São Paulo: ABU, 1889. 129 p.

LOPES, Hernandes Dias. **Colossenses**: a suprema grandeza de Cristo. São Paulo: Hagnos, 2008. 231 p.

LOPES, Hernandes Dias. **Lucas**: Jesus, o homem perfeito. São Paulo: Hagnos, 2017. 711 p.

LOPES, Hernandes Dias. **Mateus**: Jesus, o rei dos reis. São Paulo: Hagnos, 2019. 826 p.

MACDONALD, William. **Comentário bíblico popular**: Novo Testamento. São Paulo: Mundo Cristão, 201. 1102 p.

PIPER, John. **O ciclo do perdão,** 2 fev. 2017. Disponível em:<https://voltemosaoevangelho.com/blog/2017/02/2-de-fevereiro-o-ciclo-do-perdao/>. Acesso em: 15 mai. 2020.

REAL, Paulo. **Relacionamentos na igreja**: como manter a unidade na diversidade. São Paulo: Vida, 2003. 181 p.

RIENECKER, Fritz. **Evangelho de Lucas**: Comentário Esperança. Curitiba: Esperança, 2005. 480 p.

RIENECKER, Fritz. **Evangelho de Mateus**: Comentário Esperança. Curitiba: Esperança, 1998. 460 p.

SANTANA, Rodrigo Gomes; LOPES, Renata Ferrarez Fernandes. **Psicologia:** Ciência e Profissão. Brasília, 2012. Disponível em:<http://www.scielo.br/scielo.php?script=sci_arttext&pid=S1414-98932012000300008>. Acesso em: 22/06/2020

SOCIEDADE BÍBLICA DO BRASIL. **Bíblia Sagrada NAA.** São Paulo: Sociedade Bíblica do Brasil, 2018. 952 p.

STOTT, John R. W. **A mensagem de Efésios.** São Paulo: ABU, 1986. 224 p.

VINE, W. E. **Dicionário Vine**: o significado exegético e expositivo das palavras do Antigo e do Novo Testamento. 4.ed. Rio de Janeiro: CPDA, 2004. 1115 p.

WARREN, Rick. **Você não está aqui por acaso.** São Paulo: Vida,

2005. 62 p.

WIERSBE, Warren W. **Comentário bíblico expositivo**: Novo Testamento. São Paulo: Geográfica, 2006, 952 p. v. 5.

WONDRACEK, Karin H. K.; BRÍGIDO, Maria Aparecida S.; HERBES, Nilton E.; HEIMANN, Thomas. **Perdão**: onde saúde e espiritualidade se encontram. São Leopoldo: Sinodal/EST, 2016. 343 p.

YANCEY, Philip. **Maravilhosa graça.** São Paulo: Vida, 2007. 277 p.

---

[1] ADAMS, Jay. **De perdoado a perdoador**: aprendendo a perdoar uns aos outros da forma de Deus. Brasília: Monergismo, 2015, p. 12.

[2] ADAMS, 2015, p. 9.

[3] VINE, W. E. **Dicionário Vine**: o significado exegético e expositivo das palavras do Antigo e do Novo Testamento. Rio de Janeiro: CPDA, 2004, p. 867-868.

[4] PONTES, Mauro R. N; ROSLER, Alvaro M.; LUCCHESE, Fernando A. Perdoar faz bem à saúde: influências do perdão sobre saúde e doença. *In*: WONDRACEK, Karin H. K.; BRÍGIDO, Maria Aparecida da Silveira; HERBES, Nilton E.; HEIMANN, Thomas. **Perdão**: onde saúde e espiritualidade se encontram. São Leopoldo: Sinodal/EST, 2016, p. 12.

[5] SBB. **Bíblia Sagrada NAA.** Barueri: SBB, 2018, p. 935.

[6] CHAPMAN, Gary; THOMAS, Jennifer. **As cinco linguagens do perdão.** São Paulo: Mundo Cristão, 207, p.

[7] FILHO, Fernando Bortolleto. **Dicionário brasileiro de teologia.** São Paulo: ASTE, 2008, p. 780.

[8] ADAMS, 2015, p. 12.

[9] ADAMS, 2015, p. 20.

[10] SBB, 2018, p. 900.

[11] ADAMS, 2015, p. 15.

[12] FILHO, 2008, p. 779.

[13] WACHHOLZ, Wilhelm. "Assim como nós perdoamos"... O desafio do perdão cristão. *In*: WONDRACEK; BRÍGIDO; HERBES; HEIMANN, 2016, p. 64.

[14] CAVALCANTI, Eleny V. de Paula. **Consolo.** São Paulo: Casa Editora Presbiteriana, 1990, p. 133-134.

[15] CAVALCANTI, 1990, p. 133-134.

[16] MARASCA, Marilena. Perdoar para não se perder. In: WONDRACEK, BRÍGIDO, HERBES, HEIMANN, 2016, p. 72-73.

[17] LEWIS, C. S. **Cristianismo Puro e Simples.** São Paulo: ABU, 1889, p. 64.

[18] WACHOOLZ, 2016, p. 47.

[19] SBB, 2018, p. 735.

[20] WIERSBE, Warren W. **Comentário bíblico Expositivo:** Novo Testamento. São Paulo: Geográfica, 2006, p. 31.

[21] HARRISON, Everett. **Comentário bíblico Moody.** São Paulo: Batista Regular do Brasil, 2017, v. 2, p. 43.

[22]22 BACLAY, William. **The Gospel of Matthew.** Edinburgh: The Saint Andrew Press, 1997, v. 2, p. 238-239.

[23] NETO, Guilherme Kerr. **Consciência limpa:** o lugar da confissão e do perdão na vida cristã. São Paulo: Vencedores por Cristo, 1996, p. 26.

[24] COLLINS, Gary R. **Aconselhamento cristão:** edição século 21. São Paulo: Vida Nova, 2004, p. 272-276.

[25] DAVIS, Ron Lee. **Perdão incondicional.** São Paulo: Vida, 1987, p. 66.

[26] CHAPMAN; THOMAS, 2007, p. 17-18.

[27] ADAMS, 2015, p. 15.

[28] PONTES; ROSLES; LUCCHESE, 2016, p. 13.

[29] JONES, Robert D. **Em busca da paz:** princípios bíblicos para lidar com conflitos e restaurar relacionamentos quebrados. São Paulo: Nutra, 2014, p. 205.

[30] COLLINS, 2004, p. 276-277.

[31] PONTES; ROSLER; LUCCHESE, 2016, p. 14.

[32] SANTANA, Rodrigo Gomes; LOPES, Renata Ferrarez Fernandes. **Psicologia:** Ciência e Profissão. Disponível em: http://www.scielo.br/scielo.php?script=sci_arttext&pid=S1414-98932012000300008. Acesso em: 22 jun. 2020.

[33] PIPER, John. **O ciclo do perdão.** Disponível em: https://voltemosaoevangelho.com/blog/2017/02/2-de-fevereiro-o-ciclo-do-perdao/. Acesso em: 15 mai. 2020.

[34] DAVIS, 1987, p. 11-12.

[35] SBB, 2018, p. 814.

[36] SBB, 2018, p. 559.

[37] HENRY, Matthew. **Comentário bíblico.** 2. ed. Rio de Janeiro: CPDA, 2002, p. 599.

[38] SBB, 2018, p. 865.

[39] SBB, 2018, p. 935.

[40] DAVIS, 1987, p. 22.

[41] EDWARD, Jonathan. **Perdão para os maiores pecadores.** [s.l.]: [s.n.], 2015, p. 4.

[42] SCHMITT, Flávio. Culpa e perdão na Bíblica. In: WONDRACEK; BRÍGIDO; HERBES; HEIMANN, 2016, p. 114.

[43] SBB, 2018, p. 748.

[44] WIERSBE, 2006, v. 5, p. 84-85.

[45] RIENECKER, Fritz. **Evangelho de Mateus**: Comentário Esperança. Curitiba: Esperança, 1998, p. 317.

[46] WIERSBE, 2006, v.5, p. 85.

[47] BRUCE, F. F. **Comentário bíblico NVI**: Antigo e Novo Testamento. São Paulo: Vida 2009, p. 1581.

[48] SBB, 2018, p. 802.

[49] LOPES, Hernandes Dias. **Lucas**: Jesus, o homem perfeito. São Paulo: Hagnos, 2017, p. 495.

[50] LOPES, 2017, p. 495.

[51] RIENECKER, Fritz. **Evangelho de Lucas**: Comentário Esperança. Curitiba: Esperança, 2005, p. 352.

[52] FILHO, Caio Fábio D'araújo. **Perdão**: encarnação da graça. Belo Horizonte: Betânia 1993, p. 46-47.

[53] RIENECKER, 2005, p. 354.

[54] ARNOTT, John. **A importância do perdão**. Rio de Janeiro: Danprewan, 2002, p. 19.

[55] FILHO, 1993, p. 40.

[56] AUGSBURGER, David. **Importe-se o bastante para perdoar**. São Paulo: Cristã Unida, 1992, p. 30.

[57] FILHO, 1993, p. 21.

[58] DAVIS, 1997, p. 51.

[59] RIENECKER, 1998, p. 88.

[60] WARREN, Rick. **Você não está aqui por acaso**. São Paulo: Vida, 2005, p. 54.

[61] MACDONALD, William. **Comentário bíblico popular**: Novo Testamento. São Paulo: Mundo Cristão, 2011, p. 640.

[62] AUGSBURGER, 1992, p. 13.

[63] LOPES, Hernandes Dias. **Colossenses**: a suprema grandeza de Cristo. São Paulo: Hagnos, 2008, p. 185-186.

[64] MACDONALD, 2011, p. 308.

[65] REAL, Paulo. **Relacionamentos na igreja**: como manter a unidade na diversidade. São Paulo: Vida, 2003, p. 97.

[66] SBB, 2018, p. 906.

[67] CARSON, D. A. **Comentário bíblico Vida Nova**. São Paulo: Vida Nova, 2009, p. 1914.

[68] LOPES, 2008, p. 186.

[69] WIERSBE, 2006, p. 181.

[70] REAL, 2003, p. 98.

[71] WIERSBE, 2006, p. 55.

[72] STOTT, John R. W. **A mensagem de Efésios**. São Paulo: ABU, 1986, p. 141.

[73] YANCEY, Philip. **Maravilhosa graça**. São Paulo: Vida, 2007, p. 87.

[74] YANCEY, 2007, p. 82.

[75] SBB, 2018, p. 748.

[76] LOPES, Hernandes Dias. **Mateus**: Jesus, o rei dos reis. São Paulo: Hagnos, 2019, p. 564.

[77] LOPES, 2019, p. 565.

[78] WIERSBE, 2006, p. 87.

[79] LOPES, 2019, p. 565.

[80] LOPES, 2019, p. 565.

[81] WIERSBE, 2006, p. 87.

[82] LOPES, 2019, p. 569.

[83] CARSON, 2009, p. 1396.

[84] BRUCE, 2009, p. 1581.

[85] LOPES, 2019, p. 570.

[86] WIERSBE, 2006, p. 87.

[87] LOPES, 2019, p. 571.

[88] LOPES, 2019, p. 574.

[89] WIERSBE, 2006, v.5, p. 87.